Nedodirljiva

Izabrani Stihovi

Jovana Đermanović

Autorsko pravo © 2024 Jovana Đermanović (Ana Dee)

Sva prava zadržana.

ISBN: 978-1-7380546-3-3

Zahvaljujem se na poštivanju zakona o autorskim pravima ne reproducirajući, skenirajući ili distribuirajući bilo koje pesme u ovoj knjizi u bilo kojem obliku bez pisanog dopuštenja autora, osim u svrhu promocije knjige.

Nedodirljiva: Izabrani Stihovi je srpska verzija knjige Untouched: A Poetry Collection.

Sadržaj

Deo I

Gde Si Ti 8
U Tišini 9
Razdaljina 10
O Moru 11
To Je Ljubav 12
Neprohodno 13
Bliže 14
Nedodirljiva 15
Ljubav 17
Moji Strahovi 18
Želja 19
Skrivena Ljubav 20
Nedohvatljivo 21
Da Te Nije Strah 22
Remek-Delo 23
Plamen 24

Deo II

Vatrene Noći 26
Tvoje Oči 27
Slatka Usamljenost 28
Kao Da Svi Posmatraju 29
Sveta Ljubav 30
Umetnost 31
O Ljubavi 32
Ukus Sunca 33
Mesec 34
Sanjive Oči 35

Deo III

Snežna Oluja ... 38
Senke ... 39
Za Mene ... 40
Tvoj Mesec ... 41
Slatko Predavanje ... 42
Nered ... 43
Tiho i Mirno ... 44
Polumesec ... 45
Stvoreni Za Propast ... 46
Svetionik ... 47
Bez Najave ... 48
Stari Plamenovi ... 49
U Šapatima ... 50
Sebičnost ... 51
Bez Ulaska ... 52
Tama ... 53
Prazni Snovi ... 54
Tajne ... 55
Prašina ... 56
Muza ... 57
Munjevita Ljubavi ... 58
Početak i Kraj ... 59

Deo IV

Umetnost Našeg Jezika ... 62
Drugi Svet ... 63
Lopov ... 64
Priča o Duhovima ... 65
Noć Bez Zvezda ... 66
Moja Propast ... 67
Greh Malog Grada ... 68
Nenapisana ... 69
Horizont ... 70

Nedostatak Tebe......72

Najlepše Istine......73

Elipsa......74

Sećaj Me Se......75

Početak......76

Deo V

Lala......78

Rane......79

Van Vidokruga......80

Lažni Bogovi......81

Prelepi Zajedno......82

Žudnja......83

Ti......84

Stranac u Ogledalu......85

Talasi......86

Pustinja......87

Tvoja......88

Neželjen......89

Čula......90

Iza Zatvorenih Vrata......91

Saznanja......92

Deo VI

Oštećeno voće......94

Zavoleti Se......95

Što Si Od Mene Napravio......96

Soba S Pogledom......97

Bajke......98

Veštica......99

Što Ću Postati...... 100

Nešto Drugo...... 101

Kako Se Voli...... 102

Neizrečeno...... 103

Naša Priča 104
Ljubičaste Molitve 105
More Ljubavi 107
Zahvalnice 108
Profil Autora 109

Deo I

*Žudim za letnjim usnama
i toplim rukama.
Imaš li moć da oživiš srce plavo?
Ono zamrznuto
snežnim olujama.*

Gde Si Ti

Zamišljam sebe
hladna kao led
kako padam u tvoje
raširene ruke.

Svi kažu da je lepo
gde sam ja
ali radije bih bila
tamo gde si ti.

U Tišini

Žudim za tobom
kao prazno platno
želeći dodir veštog umetnika,
a to znači
žudim za tobom u miru;
žudim za tobom u tišini.

Razdaljina

Rozo –
kao moje usne koje te dozivaju.

Prsti –
koji su očajni da istraže.

Blisko –
jer mrzim prostor među nama.

Tiho –
jer niko ne mora znati.

O Moru

Ujutru kad se probudim,
ukus mora osećam na usnama.

Bez sumnje si preplivao milje
samo da bi me držao

u mojim snovima.

To Je Ljubav

Skarletno nebo
ne deluje daleko
kad je noć vino,
a mi zvezde.

Sve oko nas piše
ovo je ljubav,
moja ljubavi.

Neprohodno

Postoje delovi Zemlje
koji ostaju neprohodni –
nenazvani glečeri i divlji vrhovi,
ali bilo bi mi žao
da te ostavim istim,
ležeći nedirnut i neotkriven
mojim isceljujućim rukama.

Reci mi, ljubavi, bi li mi dozvolio
da plivam u tvojim neistraženim vodama
i pređem tvoj tajni most?
Dal bi mogla da se usudim
i da se popnem na planine tvojih misli
da otkrijem tvoje skrivene doline
i drevne ruševine?

Krenula bih u nepoznato
da pretvorim tvoju kožu i kosti u stih,
u psalam, u molitvu, u umetnost.
Da li bi mogla biti prva koja te naziva,
koja te osvaja, koja te preuzima?

Ljubav me pretvorila u sanjara,
očajnički željna da te spasim.

Bliže

Pogledaj kako nebo
krvari za tebe –

kako sunce luta
po tvom nežnom telu.

Njegovi zraci
bliži su tvojim usnama

nego ja što sam ikada bila.

Nedodirljiva

Sunce izlazi i zalazi
lavandino nebo se topi
u zlatne tačkice svetla,
u beskrajne tame.

Avion u daljini ostavlja trag
koji ja ne mogu da pratim.
Moje misli lete.
Ti mi nedostaješ.

Noću hodam u krugovima.
Prljavo posuđe se gomila,
pozivi ostaju bez odgovora.
Samo mislim na tebe.

S jedne strane,
brojim dovoljno razloga
da sačuvam staložen um
iako se retko osećam smireno.

Inspiracija se igra
mojim mislima.
Kad dođe moj red,
pišem satima.

Ti si moja jedina muza.

Čak i u snu,
ja sam nedodirljiva.
Ostajem ravnodušna
prema drugima.

Samo tvoj dodir tražim.

Ljubav

Kada mislim o tebi,

um se odvaja od tela;
telo se odvaja od srca.

Srce se odvaja od duše
a duša bez tebe prazna.

Sve što mi preostaje je ljubav.

Moji Strahovi

Meko srce moje nosi
najmračnije misli.

One mi teško padaju,
ali ne izustim ni zvuk.

*Da li je moja tišina pretiha
ili je suviše glasna?*

Sinoć sam se spotakla iz sna
gde su tvoje ruke bile
čvrsto oko mog struka,
držeći moj srušeni svet zajedno.

*Da li sam rekla previše
ili sam nešto prećutala?*

Svet je bio surov prema meni.
Samo si ti bio dobar.

Ako bih te zvala usred noći,
da li bi legao kraj mene u mraku?

Da li bi prešao sa mnom planine?

Da li bi mi pomogao
da pobedim svoje strahove?

Želja

Želela bih da se ispružim
preko okeana koji nas deli;

da dosegnem obalu tvojih usana
i pustim talase da nas vode.

Rekla bih ti da sam te čekala
ceo svoj život, ljubavi.

Potonuli bismo
gde nas niko drugi
ne može pronaći.

Skrivena Ljubav

Skriveni mali golube,
ima nešto nestašno
u načinu na koji voliš -
skrivajući lice
dok se šunjaš u moje snove
ali uvek ostavljaš tragove
pa znam tačno gde su
te usne volele.

Nedohvatljivo

Toliko sam se trudila
da ti se približim
ali tvoje srce je mesec:

nedohvatljivo.

Da Te Nije Strah

Pesma je mesto gde idem da se utopim [u tebi].

Tu idem da poletim, da patim,
da se predam, da vrištim;
da se izgubim u svim lepim stvarima
koje bismo mogli biti.

Možda sam ja pesnik, ali ti držiš pero,
ti vodiš moje prste, ti dotičeš tipke.

Pišem za tebe da zamisliš
sve lepe stvari koje bismo mogli biti
kad prihvatiš ljubav bez straha.
Da te bar nije strah od ljubavi.

Samo da te nije strah.

Remek-Delo

Svaki put kad me obasja
fluorescentna kiša,
razmišljam o remek-delu
koje bismo mogli stvoriti
iz brodoloma koje sam ja
i oluje koje si ti.

Plamen

Gleda me
kao da sam ja plamen
i da je on more;
on bi smirio talase
za šansu da gori sa mnom.

Deo II

*Želim te zagrliti kao da je kraj
i voleti te kao da je početak.*

Vatrene Noći

Dolaziš mi kao iskra svetlosti
u moju najtamniju noć,
baš kad sam mislila da sam zalutala.

Nemamo vremena za gubljenje
zato ću ti reći sve što si hteo da čuješ.
Sve. Jer želim sa tobom sve.

Želim tvoje srce da probudim,
da te vodim za ruku i ohrabrim,
nikada ne popuštajući strahu.
Samo dođi.

Ako prihvatiš moju tamnu stranu,
podelit ću teret tvoje tuge
jer kad se duše naše spoje
zaboravim na sve druge:
duhove, lažljivce, prevarante.

Ove vatrene noći su stvorene za ljubav,
i tvoja glad je stvorena za mene.

Tvoje Oči

Kao razbacani konfeti,
sve zvezde padaju pod moja stopala
u slatkoj, svetlucavoj predaji,

a mesec je crven od zavisti,
osećajući da samo žudim
za svetlom u tvojim očima.

Slatka Usamljenost

Puštam svoje duhove noćas napolje
da bi mi mogao doći ti
da se otopiš na mojim rukama
kao nežna pahulja snega
koja pada na gradsku ulicu.

Spojio si usne s mnogim pre mene
ali nikada nisi okusio
ovako slatku usamljenost.

Kao Da Svi Posmatraju

Moji severni vetrovi viču:
Voli me kao da svi posmatraju.

U kuhinji, čajnik zviždi:
Ostavi tragove svaki put kad se dodirnemo.

Svetla u sobi plešu
samo da vide tvoje rumene obraze.

Nosim tvoje ime na bokovima celo veče
i osećam se ništa manje no zadivljujuće.

Sveta Ljubav

Rekli su mi da biram svoj otrov,
pa sam se zaljubila u tebe.

Ti si telo tame.
Ja sam stvorena od tame.

Mi smo ista tuga, ista ljubav.

Priznajem da nikada nisam razgovarala s Bogom,
ali tvoje ime ima sveti ukus na mojim usnama.

Čvrsto ću te držati dok ne osetim
uzvišenost na rukama.

Čvrsto ću te držati
dok zapisi nam duše ne postanu

naša jedina religija.

Umetnost

Tvoje oči su željne,
noć je krhka
a oklop koji nosim je čvrst.

Ali ako žudiš da osetiš nešto,
podigni veo sa mog srca
i stvaraj umetnost sa mnom.

Ti možeš biti tvorac
i ja ću biti tvoje stvaranje.

Moje telo će biti platno
i tvoji prsti kist.

Pokaži mi da imaš oko za čaroliju
u potrazi za svojim sledećim remek-delom

i za krajnji čin noći,
dozvoli sebi da stvoriš umetnost sa mnom.

O Ljubavi

Ne znam mnogo o ljubavi,
ali znam kako moje srce
peva poznatu pesmu
kada neko izgovori tvoje ime
i kako sam zvuk tvog glasa
može odgovoriti na sve moje molitve.

Znam kako se svet menja
kad si u blizini
i kako postoji žudnja
skrivena u mom dahu –
i kad sam s tobom,
gubim svaku kontrolu.

Ukus Sunca
Inspirisano Nick Olahom

Bilo je podrhtavanja i uzburkanih mora -
znakovi upozorenja - i noći što mirišu na cveće.
Bilo je prizora iz snova,
ukradenih plesova, ponoćnih romansi,
zavojitih puteva nikuda i svuda.
Išla sam i pravo i krivo –
vodila me ljubav
čije su se ruke menjale
s godišnjim dobima.

Bilo je ljubavnika koji su takli moje usne
ali jedva uhvatili moj pogled;
ljubavnika koji su se nadali ukusu sunca –
ali to nikada nisam bila ja.
Bilo je korita reka i dijamantskih prstenova,
ispovesti i izvinjenja
koja su me samo obojili u plavo.
A onda si se pojavio ti.
A onda si se pojavio ti.

Mesec

Gde god da ideš,
prelepe žene te okružuju
kao zvezde.

Možeš izabrati koju god poželiš
kad imaš lice i telo muškarca
koje ih ostavlja bez daha.

Ali ja nisam zvezda.
Ja sam mesec.

Sanjive Oči

Tako se izgubim
u tvojim sanjivim očima
da zaboravim svoje ime,
u kojem smo gradu,
kako smo ovde stigli,
i gde smo nekada bili.

Slepa sam za sve
tajne i grehe;
teško je reći
gde ti završavaš
i gde ja počinjem.

Deo III

Spusti se na mene kao kiša.
Još uvek ću zasjati kao sunce za tebe.

Snežna Oluja

Žudeo si za mekom letnjom ljubavi,
a ja sam ti dala snežnu oluju.

Jer šta je ljubav
ako ne stvaranje nečega potpuno novog?

Šta je ljubav ako ne nešto električno,
nešto čega se bojiš da izgubiš?

Sigurno si znao da nisam kao ostale.

Sve tvoje slatke površne ljubavnice
nemaju ništa zajedničko sa mnom.

Gde one uzgajaju cveće,
ja gajim korov.

Senke

Nestajemo kao senke u tami
kada stvari postanu previše bliske.

Flertujemo kao ljubavnici
i volimo kao duhovi.

Za Mene

Ako ih pitaš za mene,
reći će da upijam ljubavnike
kao što more proguta obalu;
kao što rulet upija sve tvoje nade.
I da, godinama nakon što su okusili,
još uvek osećaju dodir mojih usana.

Možda u drugom svetu,
možeš naći neku bolju
(sigurno možeš naći i goru),
ali način na koji se treseš
kada se pogledamo u oči mi govori
da nikada nisi znao pravu ljubav,
i da sam ja tvoja zastrašujuća prva.

Kladim se da nikada nisi imao ženu
koja te dodiruje ovako:
Tamo gde te stvarno boli.

Tvoj Mesec

Želim da budem tvoj mesec,
ali se toliko plašim
p r o s t o r a
među nama.

Slatko Predavanje

Ne želim polovinu tebe,
želim te celog –
da se klanjaš na mom oltaru
i odgovoriš na poziv noći;
da mi se predaš
kao što se Van Gogh predao
svojoj umetnosti.
Tek tada mogu da ti dam sve od sebe.
Moje najmekše reči,
moje crvene patnje,
moje iluzije.

I slomljeno srce za pamćenje.

Nered

Držimo se praznih obećanja,
izazivajući rizike u tami,
ostavljajući nered
koji ne možemo da očistimo

sve u ime ljubavi.

Tiho i Mirno

Večernje sunce boji tvoju kožu zlatno.
Prolazim prstima niz tvoje osunčano lice.

Vreme nije na našoj strani,
ali noćas su tvoje oči munjini biseri.

Kada me gledaju, klizim iz svog okvira
da čujem kako naša tela tuku kao grom
i izdišu sa vetrom.

Drži se čvrsto
pre nego što nas prekrije tmina
kao pokrivač melanholije

i ja se vratim u svoj oklop,
a ti postaneš tih i miran
sve iznova.

Polumesec

Nije važno
ako pređeš liniju
ili me bojiš
najtamnijim nijansama plave,
jer šta sam ja
ako ne polovina meseca –
deo mene
uvek nedostaje
bez tebe.

Stvoreni Za Propast

Očajna za odgovorima,
tražim ih u zvezdama.

Pitam ih:

Na skali od jedan do katastrofe,
koliko bi rekle da smo dobar par?

Svetionik

Svi na brod tvoje ljubavi.

Čujem da je bezbroj duša plovilo pre mene
i nijedna nije mogla izdržati tvoj talas emocija.
Sada se nalazim kao i ostale –
uhvaćena u tvojoj nemiloj oluji,
snažno se boreći protiv nje
da me ne povuče u bezdanje.

Počinjem da brinem da ćemo potonuti
pre nego što stignemo do obale;
pre nego ti pokažem
da sam ja svetionik
koji si ceo život tražio.

Bez Najave

Ako je ljubav kiša,
naša uvek pada bez najave.

Mi smo bića natopljena strašću,
emocijom prelivena.

Stari Plamenovi

Ljubimo se kao vatra i vetar,
lutajući šumama
naših neizgovorenih grehova.

U Šapatima

Voli me u šapatima.

Niko ne treba da zna
da tečem u tvojima venema.

Niko ne treba da zna
da si urezan u mojim snovima.

Sebičnost

Prelazim granicu zbog zabranjene ljubavi
sa dodirima mekšim od pamuka.

Ako voliti tebe je sebično,
biram da budem razmažena do kraja.

Bez Ulaska

Želiš da okusiš moje usne rubina
ali se bojiš da će ostaviti trag.

Voliti tebe je nelegalan ulaz:

Zabranjen pristup
nesigurnom srcu.

Tama

Više volim sebe u tami.
Manje sam čudovište i više ljubavnik
kada su svetla ugašena.

Možda u tami možeš da me vidiš
onakvu kakva zaista jesam.
Možda u tami mogu postati
neko koga voliš.

Prazni Snovi

Opasan i šaramantan.

Osvojio si moje srce od samog početka
ali od tada, sve su bili krajevi.

Prazna obećanja,
prazni snovi.

Prazan život.
Prazna ja.

Tajne

Da li nam ponestaje ljubavi ili vremena?

Ne mogu da nastavim da se skrivam
iza mesečevih tajni
zakopanih između planina
koje nikada nećeš doseti.

Prašina

Uronili smo u snove iscrtane prašinom.
Gubimo smer
i kada eho ljubavi izbledi,
plašim se da ništa od nas neće ostati.

Muza

Ako ne možeš biti moj ljubavnik,
budi moja ponoćna muza;
moje ponoćno plavetnilo.

Budi moja najstrože čuvana tajna,
moja otvorena, krvareća rana.

Ne plašim se da govorim
o svim načinima na koje si me uvredio;
da izložim ovu čežnju
pred svima koje poznajem i kažem:

Vidi kako prelepo patim za tobom.
Kako se raspadam zbog tebe.

Ovo mastilo je umorno
od traganja za tobom,
ali nema drugog načina.

Dani mi prolaze pišući
da bih se osećala bliže tebi,
ali samo sam bliža sebi.

Pišem ti rečima sećanja
pozivajući te kao poslednjim dahom.

Munjevita Ljubavi

Munjevita ljubavi,
olujno si mi osvojio srce.
Od tada samo tražim ljubav na kiši.

Početak i Kraj
Inspirisano Nick Olahom

Kada te pitaju kako je počelo,
reci uz nadu.
Kristalni vodopadi.
Skrivena blaga.
Reci šarene konfete.
Tajni jezik.
Duša koja poleti.
Dva srca koja snažno lupaju.
Ljubav koja nema vremena za čekanje.

Kada te pitaju kako je završilo,
reci beskonačna tama.
Jecaji.
Brodolom.
Reci ukradena budućnost.
Bol koju nisi poznavao.
Gradovi duhova.
Prazne flaše alkohola.
Puna usta laži.
Ljubav kojoj je nestalo vreme.

Deo IV

*Ljubav je kompas
koji te usmerava prema meni
dok pratiš pogrešnu kući.*

Umetnost Našeg Jezika

Kako si uopšte mogao pomisliti
da razgovaraš s njom
našim jezikom?

Da je udahneš
mojim plućima?

Niko te ne razume
jer ja sam jedini jezik koji govoriš.

Ti si samo tečan
u umetnosti našeg jezika.

Drugi Svet

U nekom drugom svetu,
ne bih se morala pitati

gde si bio ili šta si postao

jer ti si obećavajuće plavo nebo
a ja tvoje jutarnje sunce.

Ustajem samo zbog tebe,
a ti me uvek čekaš.

U drugom svetu, mi smo bezvremeni
i ono što imamo je dovoljno.

Ne štediš,
nema prečica do ljubavi -

i samo meni dolaziš.

Lopov

Voleti tebe
je vraćanje na mesto zločina
i sve što želim je priznati.

Uzmi kap moje krvi.
Uzmi moje otiske.

Reci celom svetu
da sam to bila ja.

Priča o Duhovima

Moja omiljena priča o duhovima
je ona gde ti ne odlaziš tiho.
Želim natpise na zidu.
Ako ovo nije za tebe,
reci mi to glasno.
Najgora stvar koju možeš uraditi
je nestati bez traga,
bez razloga,
bez zbogom.

Moja omiljena priča o duhovima
je ona gde ti uopšte ne odlaziš.
Ali ako moraš,
onda ostavi krv,
ostavi rane,
ostavi ožiljke.
Ostavi bar nešto,
pa kad pitaju o mom ukletom srcu,
mogu reći da možda izgleda prazno sada,
ali moje telo je dokaz
da je ljubav nekada živela tu.

Noć Bez Zvezda

Bio si svaki deo raja
ako bi raj bio stvaran –

zračio svetlo, dovoljno snažan
da ozdravi slomljenu ženu.

Bez tebe, ja sam noć bez zvezda,
prazno srce koje ne oseća.

Sada gledajući tebe kako nestaješ
dovodi mene u pitanje:

Da li si uopšte bio stvaran?

Moja Propast

Trebala sam zastati
da pročitam znakove:

P a z i
na njegove vatrene oči.

Sada žar koji je ostao
će biti moja propast.

Greh Malog Grada

Bio si uklet kad sam te srela.

Nosio si težinu očeve krivice i majčine sramote,
kroz bolne rane koje su prodirale u dušu.

Nisam ništa mogla da učinim da te oslobodim,
jer bila sam ukleta
i pre nego što smo se sreli.

Ali i dalje sam te volela kao da sam u plamenu
jer i ja sam odrasla u vatrenom domu.

Nosili smo iste rane,
spaljeni od istog besa
i mirisali na greh malog grada –
mučne tajne
koje bi mogle ubiti.

Nenapisana

Kako da napišem naš kraj
kad smo jedva i započeli?

Naša priča ostaje nenapisana,
moji demoni neukroćeni.

I oni jedino odgovaraju
kad ti zoveš.

Horizont

Dragi,
moje gladno srce boli
za još jednim okusom
čarolije koju si nekada sipao.

Mnoge bi pomerale planine za tebe
ali moja jedina želja je da dosegnem
horizont tvoje duše.

Drugo Nebo

Koristila sam sve boje sa svoje palete
da te vratim u život.

Sada slikaš najlepšu dugu
na nečijem drugom nebu.

Nedostatak Tebe

Nedostatak tebe ima ritam,
glas, puls, miris.

Pomažem duši da se seća
svih dodira koje koža zaboravlja.

Svake noći pišem
samo da bih te mogla ponovno okusiti.

Ako ne usnama,
onda svojim perom.

Sutra ću vozom posetiti
sva mesta na kojima nismo bili.

Tražim te u rečima,
u stihovima, u prostorima,
u grehovima.

Najlepše Istine

Želim napisati najlepše istine za tebe
da ponovno padneš u moje ruke.

Ova zima je izuzetno okrutna.
Reči jednostavno ne dolaze.

Zato radim sve što mogu:
zalivam cveće, pečem hleb,
slažem veš, pijem čaj.

Moji prsti lebde iznad tastera
ali reči –
one i dalje ne dolaze.

Mirišem na cimet i tugu;
samo udari vetra lupaju po prozoru.

Kunem se da radim sve
da preživim ove teške zimske noći.

Želim ti napisati najlepšu poeziju
ali reči ne dolaze.

A ni sunce.

Elipsa

Kao isušena zemlja
koja žudi za dodirima kiše,
želim uhvatiti svaku reč

koja teče sa tvojih usana.

Sećaš li se –
naših glasova usred predaje
neizgovorenoj istini
i ti: moj nedovršeni stih.

Ako me sada izabereš,
doći ću ti kao vremenska kapsula
i voleću te unazad
jer ti si moja prigušena želja;
seme mogućnosti.

Ti si pauza
koja se proteže u večnost.

Neka mesec bude moj svedok:
Ti si moja elipsa.

Sećaj Me Se

Tišina patnje, ubijaš me
svojim sjajnim zaboravom.
Jednostavno ne mogu prihvatiti
da si me već izbrisao iz pamćenja,
kada si me uvek držao
kao da sam nešto beskrajno;
nešto što menja život,
nešto apsolutno.
Otkad te znam,
uvek bežiš od istine.
Moram li uvek moliti za istinu?

Večeras te molim da se provučeš
između mojih linija i prostora,
ponovo stvori noći
gde bi otkrivao moju magiju
i mastilo mojih stranica –
ostavi znak da me se sećaš.
Dopusti mi da se spustim na tvoje grudi
da čujem ubrzanje tvog daha
dok šapućem

Sećaj me se,
sećaj me se,
sećaj.

Početak

Volela sam te
kao da si bio nežno noćno nebo
a ja, tvoj ponoćni mesec;
kao da smo ispisani u zvezdama.

Volela sam te
kao da si bio dolina života
a ja, tvoja nemirna reka.
Zajedno, neprocenjivo umetničko delo.

I još uvek te volim –
kao da si autor moje ludosti
a ja prazna stranica
koja čeka da bude ukrašena.

Napiši moj kraj –
ali ostavi mi srce netaknuto,
dok sanjarim o početku.

Deo V

*Rekli su mi da si stvoren od iste tuge
koju nosim na usnama.*

Lala

Ulazimo u voz u
zagađeni grad koji
smo nekada zvali
domom. Moje latice su
nestale od poslednjeg
puta kad smo se sreli,
zato dodirni me nežno
i voli me lagano
kad smo

s

a

m

i

.

Ja sam tvoja ranjena,
izvitoperena lala koja
nestaje polako na vetru.
Već razmišljam o svim
mogućim načinima
kako mogu iskliznuti
kroz tvoje prste

p

o

n

o

v

o

.

Rane

Dragi,
i ti i ja znamo
da neke su stvari bolje nedorečene;
neke rane bolje netaknute.
Ali ima toliko toga
što me i dalje razdire
a ti si svega deo.

Za naše bolje,
ne kažem ti koliko;
pustim da moje srce krvari
po sveskama i olovkama
dok se plamen između nas
bori za svoj poslednji dah.

I mada ima dana
kad me probudi saznanje
da više nećeš biti moj,
i tad se i dalje borim
da svoju dušu od tvoje odvojim.

Dragi, o dragi,
jednostavno umirem
od želje da znam:

Da li ove rane nosim sama?

Van Vidokruga

Zakopala sam ljubav prema tebi iza meseca
i okrivila zvezde za to;
proklela dan kada smo se sreli
i obrisala te sa neba.

Mislila sam da mogu izbeći istinu
ako je nevidljiva,
ali svaki put kada tražim osvetu,
gladna i tragajući za strancem za ljubav,
vraćam se prazna.
Očajnički gladna za tobom.

Lažni Bogovi

U mojim najmračnijim trenucima,
razmišljam o tome kako sam te izgubila
u gladnim noćima;
kako se drugo telo uvuklo u naš dom
i spalilo ga do temelja.

Lažni bogovi leče moje rane
i ljube moje ožiljke,
ali nijedan ne bi mogao biti
ono što si bio, ono šta jesi.

Kad zadržim dah pod vodom,
ti ispunjavaš moja pluća.
Hranim se telima bez lica
i čeznem za tobom
na zabranjenom jeziku.

Prelepi Zajedno

Krene vatra, teče voda;
ti još uvek goriš u meni, izgubljena ljubavi.

Da li bi san iz prošle noći mogao biti znak?

Ostavio si otiske svoje duše
na oblinama mojih bedara.

Ode zima, ode leto;
ti još uvek ostaješ u meni, bezobzirna ljubavi.

Napravio si nered od mene
kao prirodna katastrofa, ali u mojim snovima

skupljaš sve olupine da nam zapališ vatru.
I izgledamo prelepo, zajedno goreći.

Mogli smo biti prelepi zajedno.
Mogli smo goreti zajedno.

Žudnja

Mlad mesec;
stara, ista tuga.
Njegove usne na mojima -
nametljiv ukus.
Mada nalazim utehu
u njegovim kasnim noćima
i toplini njegovih grudi,
nešto u meni tinja:
Žudnja koja progoni
iscrtana tvojim imenom.

Prekriva me noćna tama.

Sećanje na izgubljenu ljubav
preplavljuje moj mračan um.
Da ostanem na površini,
koristim njegovo srce
kao oslonac.
Ali kad njegove usne
napuste moju kožu,
tuga ostaje,
nemirna.

Ti

Da li ti smeta što preferiram tebe?

Da li ti smeta što bih,
ma ko da je na svetu,
i dalje izabrala tebe?

Zavladao si mojim umom
ali drugi skida moju haljinu.

Zatvaram oči kad me dodiruje
i njegove ruke postaju tvoje.

Kad progovori, njegov glas je daleka uspomena
i njegove usne postaju tvoje.

Ima dobar razlog da se plaši da me izgubi.
Dala sam mu svaki razlog da me napusti.

Uvek se plašio
da me pusti iz svojih ruku
da ne bih ponovo pala u tvoje.

Stranac u Ogledalu

Nepoznata,
sanjaš o euforiji
pa si pružala ruku
al' se nikad nisi vezala.

Gledaš me tvojim divljim očima,
baršunastim usnama,
ogrnuta mojim željama
spremna za noć greha.

Da sam na njegovom mestu,
moram priznati,
ne bih te pustila unutra.

Talasi

Dolazim njemu na talasima svoje ljubavi,
sve haotično i zbrkano
od viška i spleta
u želji za drugim.

Naša srca su isprepletana
u čvorove koji se ne mogu rasplesti,
al' za njega ne mogu reći isto,
pa dolazim samo talasima.

Nekim danima izazovem oluju
a nekima jedva povetarac -
ali nikada ništa konstantno;
nikada ništa između.

Večeras dolazim talasima
jedva dodirujući obalu
i ako se ikada smiri moje more,
da li će biti prekasno, nedovoljno?

Koliko dugo ću lutati?
Koliko dugo će on čekati?

Pustinja

Drži me kao da sam sveta
i guta svaku tečnu laž
koja se sliva sa mojih usana.

Kao da sam jedini razlog što je živ,
upio bi svaku kap mene
kao spas u neprekidnoj suši.

Nema potrebe da mi kaže da me voli.
Često sam posetila
tu prokletu pustinju –
već sam ga provalila.

Tvoja

Prošle noći tražio je večnost
dok je obavijao svoje ruke oko moga struka,
ali onda me privukao mesec
i zamislila sam te na njegovom mestu.

I nije samo do mene,
jer kad sam pogledala gore
čak su i zvezde ispisale:
Tvoja,
čak i kad sam nečija druga.

Sada sve o čemu mogu da razmišljam je
kako će me gledati dok hodam niz oltar,
misleći da će postati najsrećniji čovek na svetu,
ali tada će vetar zavijati:
Tvoja,
čak i kad sam nečija druga.

Mogao bi mi obećati ceo svet
al' ipak neće biti važno
kad vetar šapuće kroz drveće
noseći tvoje ime na povetarcu,
kao da se univerzum
trudi da me podseti
da sam još uvek tvoja –

čak i kad sam nečija druga.

Neželjen

Volela bih da te zakopam svojim rečima
i izbrišem iz postojanja
(i čak i da mogu, znam da ne bi trajalo dugo)
jer još uvek te osećam
na njegovim mokrim dlanovima,
i još uvek mogu da te okusim
kad me zorom probudi usnama.

Moraš li uvek da se pojaviš
na mestima gde ne pripadaš?

Čula

Misao o tebi
budi sva moja čula.
Moja duša šapuće *zapamti*.
Moj razum traži da zaboravim.
Svake noći ratujem sama sa sobom.

Iako se možda čini da sam ostavila
našu prošlost za sobom,
plašim se da neću nikada
osetiti taj plamen s bilo kojim drugim
jer dragi, ja još uvek gorim za tobom.

I ako bi pokucao na moja vrata,
pala bih na kolena i rekla ti

Predajem se,
predajem se,
predajem.

Iza Zatvorenih Vrata

Ako vredi išta,
još uvek te dozivam nečujnim glasom
i žudim za tobom u uzdisajima.
Kad završim s tobom,
gurnem te između stranica mojih knjiga
na isti način kako sam te nekada čuvala
iza zatvorenih vrata.
Ne pričam o vremenu kad sam bila lopov
koji se vraća s praznim džepovima,
ulazeći u sobu bez duše, bez svetlosti.
Lopov koji je tiho prolazio pored istine
da bi mogao spavati noću.
Reci mi dragi,
možeš li spavati noću?
Jer moje su noći besane.

Saznanja

Držala sam tako čvrsto
ostatke naše ljubavi,
da me je gušilo.

Ne, nikada mi nisi oduzimao dah.
Uzeo si mi pola života.

Deo VI

Nisam više tvoja čuvana tajna,
tvoja ranjena lala, tvoja nežna ruža.
Sad pričam svojim jezikom,
i ti ga ne razumeš.

Oštećeno voće

Kao nežno voće,
kvarim se u pogrešnim rukama.

Trenutak sam slatka,
sledeći ću biti gorka,
tako okrutna,
tako tiho glasna –
ali nemoj se zbuniti:
bit ću i dalje najbolja stvar
koju si ikad okusio.

Moje srce je prezrela breskva,
žudi da bude ubrana,
dodirnuta, voljena.
Zagrli me i vezat ću se za tvoju kožu
kao ožiljak iz detinjstva.

Biću neželjeni nered,
što se sliva niz tvoje dlanove.

Sve što želim je da me držiš kroz noć
bez ostavljanja tragova na tvojim rukama.

Zavoleti Se

Još učim voleti
sve delove sebe
koje si ti skrivao.

Što Si Od Mene Napravio

Ja sam ono što si od mene napravio:
veličanstveno nebo i otvoreno more,
ispisane stranice i ponoći nabijene uspomenama.

Postala sam gladan sunčev sjaj
što blagosilja ove tamne gradove,
neočekivan kraj
i zrelo voće koje nežno pada.

Ja sam ono što si od mene napravio:
razarajuće posledne reči
koje si mi rekao…
Zar ih ne nosim lepo?

Soba S Pogledom

Pre nego što se počneš sećati
morske svežine,
limunovog drveta,
mesečine koja izbija kroz naš prozor
žudeći za pogledom,
moje bele haljine,
i kako smo nekada uzdisali…

Zatvori oči i uveri sebe
da je to bilo ništa više od sna.

Bajke

Mogla bih zaslepiti srca svojim zvezdanim očima
i obeležiti kožu baršunastim lažima.

Svi jure bajke i čaroliju
dok ljubav ne postane iluzija.

Veštica

Ja sam veštica o kojoj te majka upozorila.

Senzualna vračara
koja će te proždreti u mraku.

Istina je ono što govore o meni:

prikupit ću sve duhove
samo da osetim tvoju ljubav,

jer ja sam tvoja oluja -
tvoj ulaz i prepreka do raja.

Nije mi ni potrebno baciti magiju na tebe
da bih bila obožavana kao religija.

Što Ću Postati

Ja sam tropska klima.
Ja sam oluja.

Ja sam više duša nego telo.
Ja sam bez granica.

Ja sam reči koje menjaju život.
Zalasci na horizontu.

Ja sam ta koja se najviše čuva.

Ja sam bol u grudima.
Poezija u pokretu.

Ja sam šapat onog što sam nekada bila
i odjek onog što ću postati.

Nešto Drugo

Postaješ nešto sasvim drugo:

Žuti trešnjin cvet.
Ponoćno sunce.
Daha puna pluća.
Egzotični jezik.
Peta sezona
u punom cvatu.
Zarumenjena koža.
Stopala natopljena rosom.

I ta prekrasna usta.
Taj sveti jezik.

Pokazuješ mi mesta
gde te ljubav dotakla

koja nisam znala da postoje.

Kako Se Voli

Duša ogoljena.
Srce nezaštićeno.
Koraci
  na
    rubu.
Na vrhovima
prstiju.
Raširenih ruku.
Širom otvorenih očiju.
Bosih stopala.
L e t e ć i.
Leđa vetru.
Lice suncu.
Ovako se živi.
Ovako se voli.

Neizrečeno

Nisam te zaboravila.

Živiš u svakom mom uzdisaju,
u svakom nenapisanom stihu.

Živiš u neizrečenom,
neosvešćenom;

mestima koja se ne usudim posetiti,
ne usudim dotaknuti.

Naša Priča

Padam u naručje noći
i pišem i pišem i pišem.
Pišem kao da niko ne čita;
pišem da održim našu ljubav živom.

Kada napišem našu priču,
otvorit ću zavese,
otključati vrata svog srca,
pustiti sve potencijalne ljubavnike
poput sunca da uđu,

i nazvat ću sve svoje
prekrasne grehe
tvojim imenom.

Ljubičaste Molitve

Činilo mi se čudnim od samog početka –
kako te nikad ne zadivi umetnost
ili kako lutaš kroz svet
nepogođen onim što me čini živom.
Ne plačeš uz pesme u mraku
niti pevaš kad život postane težak.
Prolaziš pored muzeja
kao da nisu vredni tvog pogleda –
jesam li ja?

Nemaš vremena za knjige
i poezija ti je čudna;
ovi razgovori su preintenzivni za tebe, znam.
Rekao si da umetnost nikada nije imala smisla,
pa nije čudo što moje reči
nemaju smisla za tebe.
Moje misli smatraš buntovnim.
Moju poeziju, nepobožnom.
Moje nijanse plave, zloslutnim.

Sada se pitam
ako bih usne namazala crveno
i prekrila nijanse plave,
bi li moje reči postale
najčišće ljubičaste molitve
ili bi i dalje
bilo previše plavo za tebe?
Ako bih sahranila svoju dušu
i skinula se od tuđih muka,
bi li to promenilo

tvoje mišljenje o meni?
Ako bih postala crvena
(crvenija od semafora;
crvenija od krvi koja ti teče venama),
bi li te malo izludelo?
Bi li me nosio s ponosom
na svom srcu?

Mogla bih biti remek-delo
i ti me opet ne bi video.

Nikada te ne zadivi umetnost.

More Ljubavi

Odlazim na more ljubavi
željno i gladno.
More bez kraja u vidu –
samo sa svetlim početcima.

Zahvalnice

Hvala ti mama, što si mi pomogla da originalnu knjigu pretvorim u prelepu prevedenu verziju. Bez tvoje pomoći, ovaj projekat ne bi bio moguć.

Kao i originalnu, ovu knjigu posvećujem svom Dudi, koji mi nedostaje svaki dan.

Moju iskrenu zahvalnost upućujem svakom čitaocu koji je uzeo ovu knjigu i uronio u njene stranice, čineći moj najveći san stvarnošću.

Profil Autora

Jovana Đermanović (Ana Dee) je mlada pesnikinja i duša starog kova, trenutno živi u Ontariju u Kanadi, a poreklom je iz Srbije. Njena poezija je objavljena u mnogim književnim časopisima i antologijama. Kada ne plete svoju poetsku magiju, može se naći kako istražuje svoj pevački talenat na karaokama, pronalazi utehu u prirodi i sanjari o manje komplikovanom životu pored okeana.

"Nedodirljiva: Izabrani Stihovi" je prevedena verzija njene knjige "Untouched: A Poetry Collection."

Povežite se s njom na Instagramu za nove pesme.
@anadeewrites

www.ingramcontent.com/pod-product-compliance
Lightning Source LLC
Chambersburg PA
CBHW060618080526
44585CB00013B/880